Das kleine Blumenbuch

Zeichnungen
von Rudolf Koch
in Holz geschnitten
von Fritz Kredel
Insel Verlag

Insel-Bücherei Nr. 281
Sonderausgabe 2014

*Das kleine
Blumenbuch*

SCHNEEGLÖCKCHEN

1

GÄNSEBLÜMCHEN

2

BUSCHWINDRÖSCHEN

4

SCHLÜSSELBLUME

5

ROTE TAUBNESSEL

6

BERGPLATTERBSE

SAUERKLEE

ACKERSCHACHTELHALM

9

WIESENSCHAUMKRAUT

10

SUMPFDOTTERBLUME

11

WALDKERBEL

12

LÖWENZAHN

13

KRIECHENDER HAHNENFUSS

14

MARGUERITE

15

KUCKUCKSLICHTNELKE

16

Links: ENTFERNTÄHRIGE SEGGE
Mitte: TIMOTHEE-GRAS
Rechts: ZARTE SEGGE

17

BREITBLÄTTRIGES
KNABENKRAUT

18

ZITTERGRAS

19

BACHNELKENWURZ

20

MAIGLÖCKCHEN

21

SALOMONSSIEGEL

22

WALDVERGISSMEINNICHT

MÄNNERTREU

24

BESENGINSTER

25

FELDRITTERSPORN

26

ECHTE KAMILLE

27

ADONISRÖSCHEN

28

STIEFMÜTTERCHEN

KLATSCHMOHN

30

KORNBLUME

31

LANZETTBLÄTTRIGE
KRATZDISTEL

ACKERWINDE

33

ACKERGAUCHHEIL

34

RUNDBLÄTTRIGE
GLOCKENBLUME

35

AKELEI

36

SAUERAMPFER

37

ARNIKA

38

HECKENROSE

39

DACHHAFER
40

LEINKRAUT

41

KARTÄUSERNELKE

42

RUPPRECHTSKRAUT

43

WALDKLEE

44

WEIDENRÖSCHEN

45

SUMPFHERZBLATT

46

TÜRKENBUND

47

HEIDEKRAUT
48

FINGERHUT

49

THYMIAN

50

GEFRANSTER ENZIAN

HOHLZAHN

BREITER WEGERICH

SCHWARZER
NACHTSCHATTEN

54

TAUSENDGÜLDENKRAUT

55

AUGENTROST

WETTERDISTEL

57

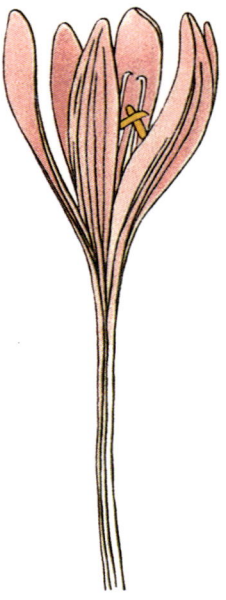

HERBSTZEITLOSE

VERZEICHNIS DER BLUMEN

Die Abkürzungen im Verzeichnis der Blumen weisen auf die
Namensgeber der botanischen Namen hin. L.: Carl von
Linné (schwedischer Naturforscher. 1707-1778). Lk.: Link
(deutscher Botaniker. 1767-1851).

Erste Auflage dieser Ausgabe Insel Verlag Berlin 2014. Neu-
auflage des erstmals 1933 erschienenen Bandes. Insel Verlag
Frankfurt am Main 1984. Alle Rechte vorbehalten, insbeson-
dere das der Übersetzung, des öffentlichen Vortrags sowie
der Übertragung durch Rundfunk und Fernsehen, auch ein-
zelner Teile. Kein Teil des Werkes darf in irgendeiner Form
(durch Fotografie, Mikrofilm oder andere Verfahren) ohne
schriftliche Genehmigung des Verlages reproduziert oder
unter Verwendung elektronischer Systeme verarbeitet, ver-
vielfältigt oder verbreitet werden. Überzug: Isolde Ohlbaum,
München. Gesetzt in der Schrift Walbaum. Gedruckt auf
holzfreies Papier der Firma Geese, Hamburg, vom Druckhaus
Nomos, Sinzheim. Gebunden in Fadenheftung von der Buch-
binderei Spinner, Ottersweier. Printed in Germany.
ISBN 978-3-458-17602-2